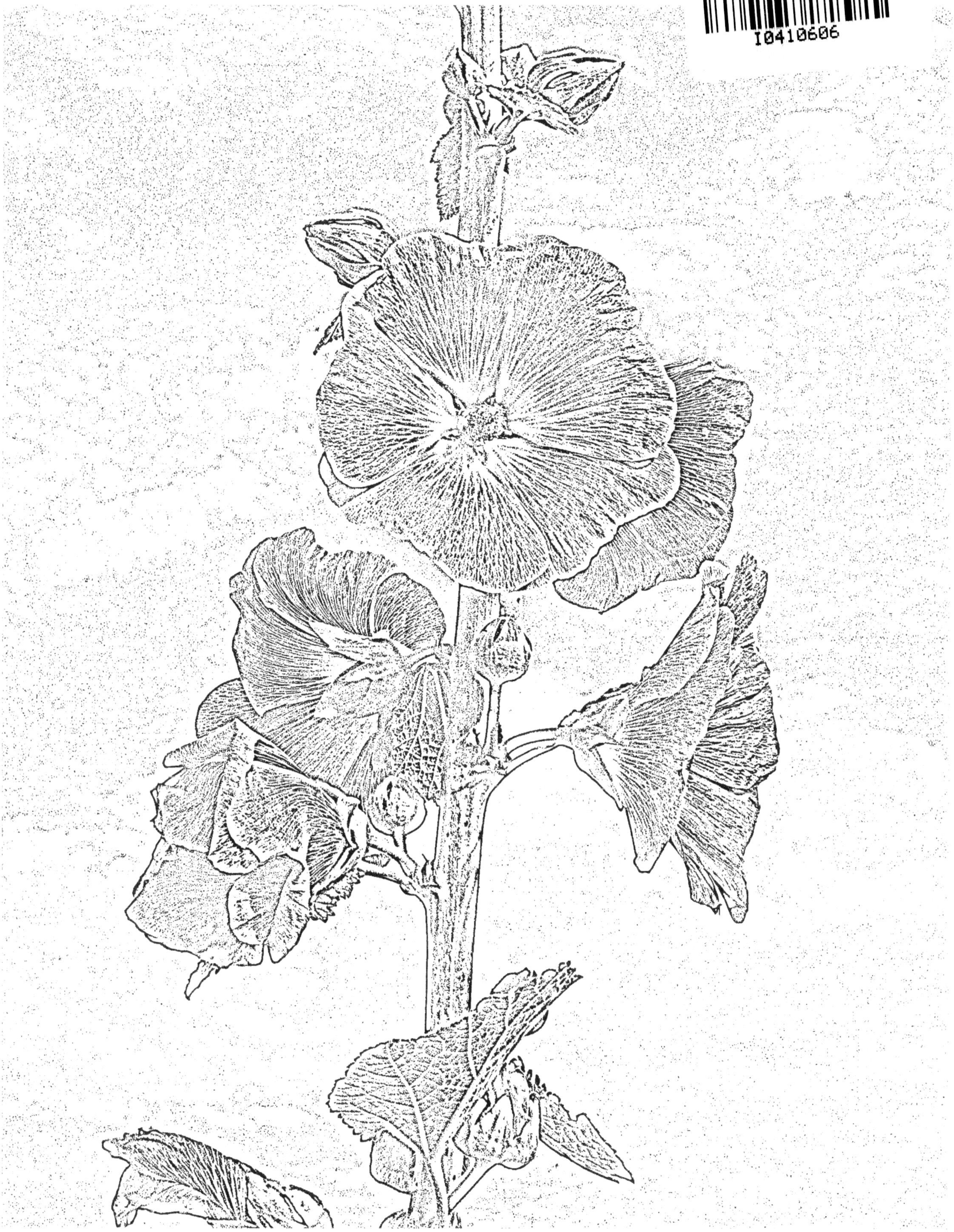

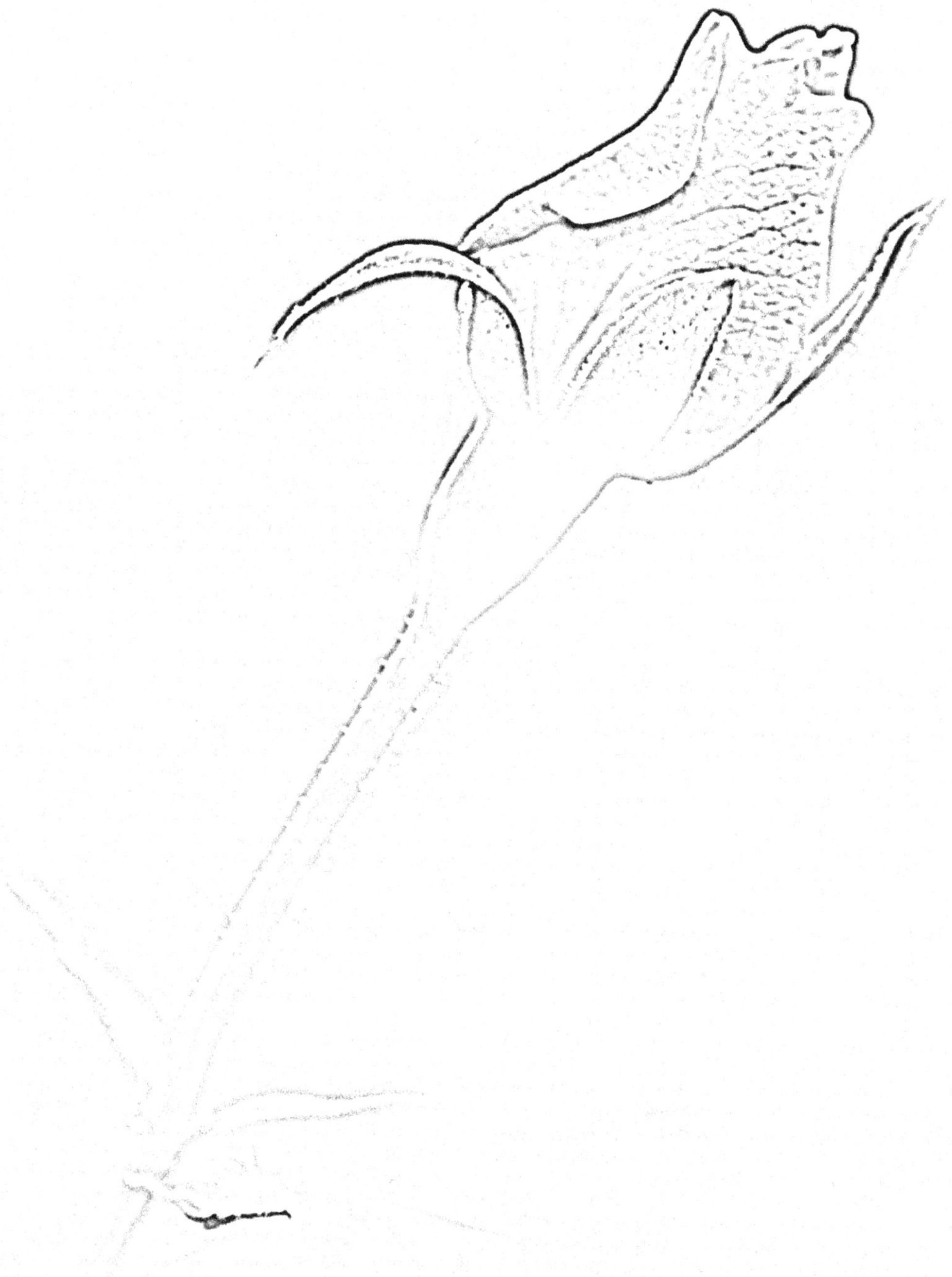

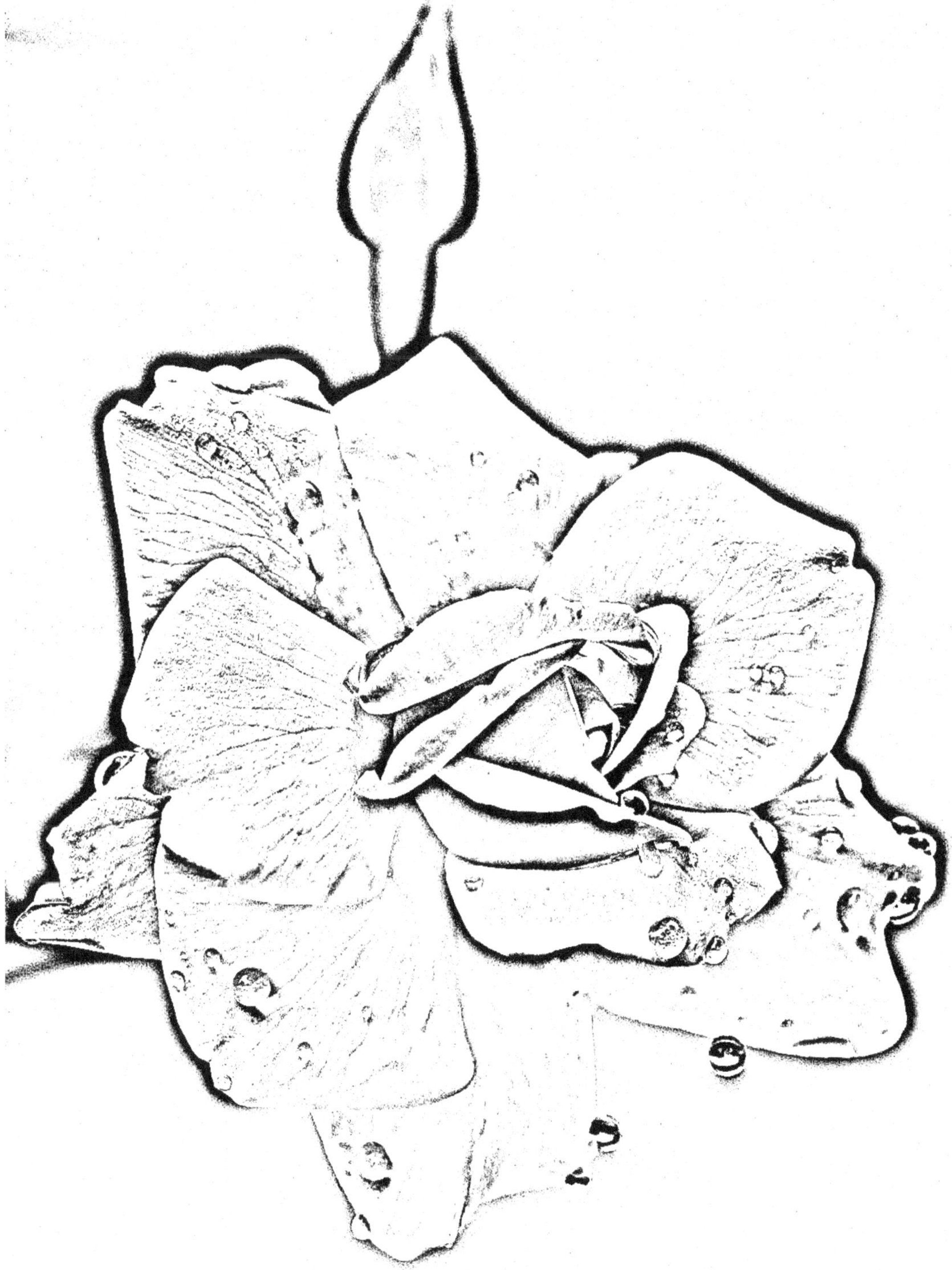

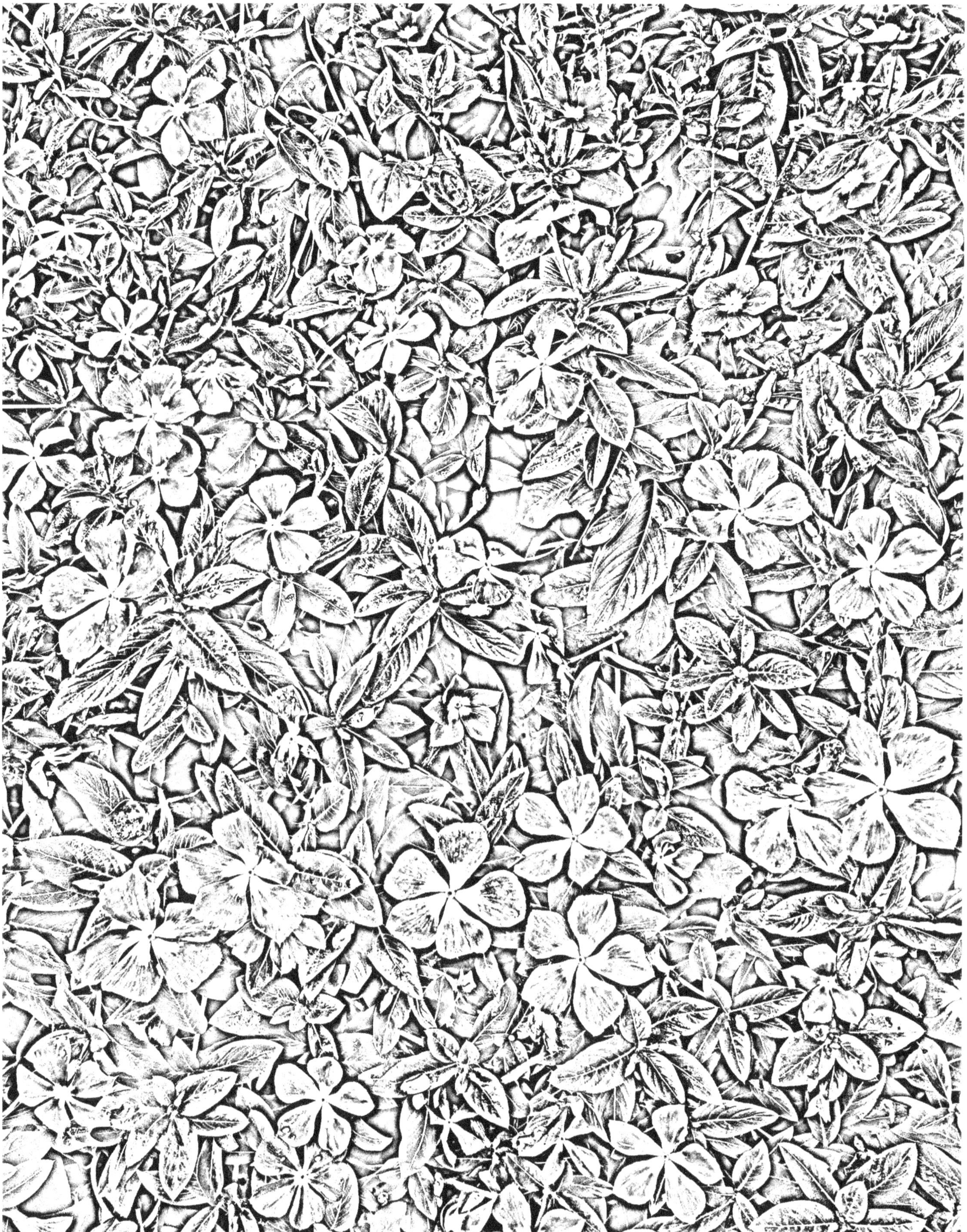

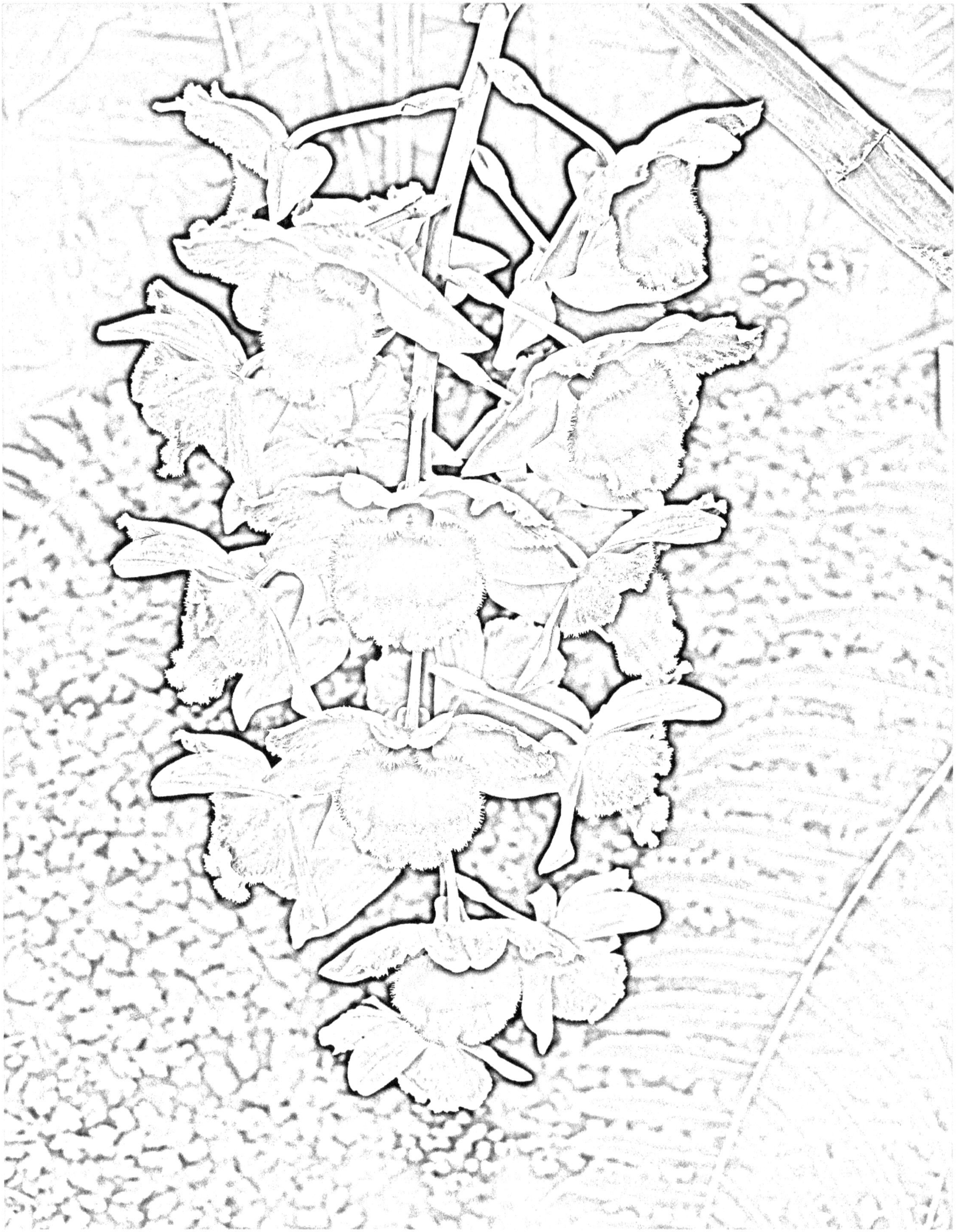

www.ingramcontent.com/pod-product-compliance
Lightning Source LLC
Chambersburg PA
CBHW081849280526
45789CB00007B/2624
9781540523464